LA LOI

CONTRE

LES RÉCIDIVISTES

VOTÉE

PAR LA CHAMBRE DES DÉPUTÉS

LE 29 JUIN 1883

PARIS

IMPRIMERIE DE A. QUANTIN

IMPRIMEUR DE LA CHAMBRE DES DÉPUTÉS

7, rue Saint-Benoît

1884

LA LOI

CONTRE LES RÉCIDIVISTES

Nous n'entreprenons pas d'écrire un précis historique de la loi du 29 juin 1883, que chacun peut faire aisément en consultant des souvenirs d'une actualité presque immédiate.

Aussitôt qu'il a été démontré que les lois actuelles nous laissaient sans défense contre les malfaiteurs d'habitude, l'opinion publique s'est profondément émue, et, en posant la question des récidivistes, elle a impérieusement réclamé une solution rapide et définitive.

Personne n'a oublié comment la presse et les pouvoirs publics se sont emparés de cette question, comment le Cabinet en a saisi la Chambre des députés, comment la Commission a su codifier des propositions émanant d'initiatives diverses. Chacun a présent à l'esprit l'ardeur des débats, l'acharnement de l'attaque, le calme et l'énergie de la défense, le talent et la compétence des orateurs, mais surtout le mémorable scrutin public qui a donné 348 voix aux partisans de la loi, contre 80 à ses adversaires.

Ce qu'il importe d'étudier aujourd'hui, après une lutte aussi vive, c'est d'abord le caractère particulier de la loi; — c'est ensuite la méthode d'exécution à suivre, lorsqu'après le vote du Sénat la loi sera promulguée par le Gouvernement.

La loi contre les récidivistes diffère essentiellement de notre Code pénal et de nos habitudes judiciaires.

Selon celles-ci, tout prévenu est arrêté; — son cas est instruit. S'il n'y a pas ordonnance de

non-lieu, une procédure intervient ; — un juge-
ment est prononcé ; — une peine est infligée et
appliquée quand le prévenu est reconnu coupable.

Il en est tout autrement de la loi du 29 juin
1883 :

Lorsqu'un individu quelconque, dans un laps
de temps donné, a été condamné un certain
nombre de fois, par les tribunaux ordinaires, à
des peines spécifiées aux articles 4, 5, 6 et 7,
cet individu devient un « récidiviste ». Dès lors,
il tombe sous le coup de la loi, et « la relégation » lui est appliquée d'office, sans autre
forme de procès.

Ceci dit, les législateurs, voulant laisser une
liberté d'exécution presque sans limites à l'État,
se sont bornés à désigner quatre lieux de relégation (1) et à fixer (2) un délai de six mois
pour que le mode d'application de la loi soit
déterminé par « un décret rendu en forme de
règlement d'administration publique ».

---

(1) Article 14 de la loi.
(2) Article 19 de la loi.

Comme on le voit, les députés ont donné le 29 juin 1883 une sorte de blanc-seing au Gouvernement, blanc-seing que le Sénat confirmera certainement, malgré les scrupules bien connus de quelques honorables vétérans de la gauche.

Voici donc le Cabinet armé de toutes pièces ; il est face à face avec les récidivistes ; il a l'opinion publique pour juge et la confiance du Parlement pour auxiliaire.

Que va-t-il faire ?

L'arène est à peine ouverte pour le bon combat, et déjà la presse de l'opposition se fait l'écho sénile des discours passionnés de l'extrême gauche, des ironies impuissantes de la droite (1) ; les politiciens parlent bien haut de retards inexplicables, d'hésitations inavouables, d'impuissance manifeste devant une absolue liberté de faire vite et de faire « grand ».

____

(1) Le jury de la Seine de la première session de novembre 1883 a adressé une pétition au Ministre de la justice, demandant, à l'unanimité et d'urgence, le vote et l'exécution de la loi contre les récidivistes.

Nous pensons que le Cabinet se contentera de faire « juste », ce qui est préférable.

Nous pensons que le Cabinet a apprécié comme il convient la responsabilité que le vote du 29 juin lui impose.

Nous pensons qu'il sait pertinemment que la position exceptionnellement favorable dont il est doté se retournerait contre lui s'il ne faisait d'excellente besogne.

Qu'on n'en doute donc pas : la loi contre les récidivistes sera exécutée, et bien exécutée.

Il faut tout d'abord reconnaître que le Gouvernement se trouve en présence d'obstacles importants.

Des difficultés diplomatiques se sont produites ; les peuples voisins des lieux de relégation ont adressé des protestations sérieuses ; des « questions » internationales ont surgi : celle de la Guyane, — celle des Nouvelles-Hébrides, — celle de l'Australie.

De leur côté, les colons libres, établis déjà dans les lieux de relégation, les citoyens français qui y ont créé des établissements définitifs, qui y exercent des professions lucratives, qui y jouissent d'une existence légale et honorable, redoutent, à juste titre, l'intrusion d'une population tarée, vicieuse, turbulente, dangereuse par conséquent. Ils ne cessent d'adresser leurs doléances aux Ministres, soit officiellement, soit officieusement, en arguant de leurs intérêts lésés, — intérêts souvent importants et, en tout cas, fort respectables.

Existe-t-il un moyen de conciliation entre ces obstacles et la nécessité où se trouve le Gouvernement d'exécuter la volonté du Parlement?

Ce moyen existe certainement, et il ne faut pas le chercher loin : il est tout entier dans la méthode à suivre pour exécuter la loi contre les récidivistes.

La logique pourrait, à elle seule, nous enseigner quelle sera cette méthode; mais nous avons, en outre, les rapports de la Commission et les débats de la Chambre, toujours si utiles à consulter lorsque l'on veut se pénétrer de l'esprit d'une loi et des conséquences qu'elle entraîne après elle.

En entrant dans le vif de la question, nous remarquons d'abord que les appréciations de la Commission parlementaire, relativement à la quotité du personnel récidiviste, n'ont pas été sérieusement contestées par les débats. Elles sont, en effet, le résultat de la moyenne des statistiques judiciaires officielles; elles tiennent compte des chances de décès indiquées par les tables de mortalité coloniale, des chances de réhabilitation, de mutation et de lettres de grâce.

Nous constatons donc qu'il faut tenir compte d'un personnel normal d'au moins 25.000 récidivistes, pour les dix premières années. Dès aujourd'hui, 5.000 d'entre eux sont tombés sous le coup de la loi et pourraient être immédiatement relégués. Le nombre prévu pour 1884 et 1885 est de 9.000 au moins.

En admettant que le premier exercice annuel puisse prendre naissance dans les premiers mois de 1885, les prévisions du Gouvernement devraient porter sur un personnel récidiviste d'environ 15.000 individus.

Examinons le sort qui leur est réservé par le texte ainsi que par l'esprit de la loi nouvelle, par les débats de la Chambre et par la logique qui en découle.

Cherchons à deviner les principes qui inspireront le décret à rendre « en forme de règlement d'administration publique », comme le veut l'article 19 de la loi du 29 juin.

La loi du 29 juin, dans ses effets immédiats, apparents, n'est qu'un acte de répression, de préservation sociale ; — mais, sa tendance latente, son espoir intime, — c'est la réhabilitation des malfaiteurs d'habitude par le travail libre, par le travail en plein air, au grand soleil, loin de la vie compliquée des grandes villes, loin des entraînements du vice quotidien, loin des hontes de l'ignorance et de la paresse héréditaires.

Oui, le Gouvernement de la République saura réaliser ce que d'autres gouvernements ont à peine osé entrevoir.

En France, — il s'occupera de l'enfance abandonnée ou coupable; il augmentera le nombre des colonies agricoles; il éteindra peu à peu le triste recrutement du personnel récidiviste.

Au loin, — il transformera des éléments dissolvants en forces productrices.

Il évitera l'écueil des colonies pénitentiaires.

Il repoussera tout ce qui peut rappeler les geôles, les bagnes, leurs règlements malheureusement utiles, mais inévitablement dégradants.

Il fondera, avec ce groupe compact de 25.000 travailleurs d'un nouvel ordre, une colonie spéciale, une colonie d'épreuve, une sorte de stage vers la réhabilitation.

Il l'administrera très sévèrement, mais paternellement aussi, et comme la mère patrie doit traiter ses enfants malades.

Il réservera aux récalcitrants, aux insoumis, le dur travail des terrassements, des forêts et des mines.

Il distribuera aux moins mauvais, aux meilleurs, le travail plus clément des cultures, des pêcheries, des diverses industries agricoles.

Il fournira aux plus intelligents, à ceux qui ont été des ouvriers d'art ou d'état, les moyens d'exercer leur profession malheureusement délaissée.

Il donnera à tous les bienfaits de l'école, les soulagements de l'infirmerie ou de l'hospice.

Il entretiendra une police et une force armée suffisantes pour maintenir le bon ordre à l'intérieur, et pour empêcher les évasions au dehors.

Il favorisera, enfin, le transport et l'établissement dans la nouvelle colonie de la famille des relégués qui se seront montrés dignes de ce retour à la vie normale.

Oui, nous le redisons, le Gouvernement de la République fera tout cela : la loi du 29 juin le veut ; le pays le lui demande ; le budget spécial prévu par ses représentants lui en assure largement les moyens.

———

Nous ne le cachons pas, nous aimons la République avec passion, et jamais nous ne sommes plus heureux que lorsque nous voyons son Gouvernement marcher d'accord avec l'opinion publique.

Le scrutin du 29 juin est une manifestation dont il faut tenir compte : les 348 n'étaient pas seuls ce jour-là, ils avaient avec eux tous les amis de la République. Or rien n'est blessant comme une marque de confiance non suivie d'effet. Le Cabinet le comprend certainement, et nous ne croyons pas nous être trompé en affirmant que la loi contre les récidivistes serait prochainement exécutée et « bien exécutée ».

Qu'on nous permette un dernier mot.

La colonie des récidivistes que nous venons de préconiser comme le meilleur remède contre le « récidivisme » ne peut être fondée que dans deux lieux de relégation parmi les quatre que la loi désigne : c'est la Guyane ou la Nouvelle-Calédonie.

Le gouverneur de la Guyane se déclare prêt à recevoir les récidivistes. Le gouverneur de la Nouvelle-Calédonie n'en veut à aucun prix. Le Ministre de la marine, selon les usages administratifs, paraît adopter la manière de voir de ces hauts fonctionnaires.

C'est contre cette tendance que nous nous élevons ici, parce qu'elle ne nous semble pas d'accord avec l'esprit de la loi du 23 juin.

Quoi qu'on ait dit et fait depuis trente ans, l'odieux souvenir des transportés de la Guyane et de la fameuse mortalité de 70 0/0 est resté un objet d'effroi et de répulsion dans l'opinion des masses.

Ne serait-il pas étrange, pour ne pas dire plus, de voir le rebut de la société, les forçats, les cri-

minels les plus endurcis, les plus « définitifs »,
continuer à habiter un des plus beaux pays du
monde, tandis que les récidivistes, ces coupables
« temporaires », seraient voués à un horrible
climat qui leur donnerait plus de chances d'être
délivrés par la mort que d'être réhabilités par le
travail ?

Puisqu'il faut choisir, n'est-il pas plus logique
d'envoyer les forçats à la Guyane et les récidivistes à la Nouvelle-Calédonie ?

Qu'on nous dise bien vite ce que l'on veut
faire et que le Sénat soit, sans retard, saisi de
cette question.

Paris, 29 février 1884.

A. QUANTIN, Imprimeur de la Chambre des Députés.